DVD を見るための準備

1．書籍の付属DVDの取り出し方

●書籍の表紙の裏側にDVDが添付されています。

●DVDが入っている袋の上辺に赤いリボンがあります。

●赤いリボンの左端をつまんで、右へ引っ張って封を切ります。

●書籍から袋をはがすことなく、書籍に貼り付けた状態で、DVDを出し入れすることができます。

2．DVDを丁寧に取り出す

●袋よりDVDを取り出すときは、DVDの裏面に傷をつけないように、親指と人差し指を使って、丁寧に取り出して下さい。特にDVDの裏面を指などで持たないで下さい。

●DVDの裏面に袋が触れないようにしながら、取り出して下さい。

●DVDの裏面に手の脂や傷が付くと、再生不能になる場合があります。

3．DVDをプレーヤーにセットする

●取り出したDVDをプレーヤーにセットします。

●左の写真のように、親指と人差し指で持ち、DVDの裏面を指で触らないようにします。

●もし指で触ってDVDの裏面が汚れてしまった場合は、クリーニング専用の布で丁寧に拭き取って下さい。

●　　　　　　　　　　と、メインメ

◀この袋の中には DVD が2枚入っ

JN082510

DVD 2枚組

DVD+Book

中国制定太極拳

超スロー

総合太極拳

42式

大畑 裕史 著

Point 1 ナレーション解説

・総合太極拳の基本の使い方をやさしく解説！

・型の解説は、通常の動きよりゆっくりと動いた演武に合わせてナレーションで説明

・動きの正誤を2画面を使って丁寧に解説

Point 2 演武を練習できる

・ひとつの型を正面・背面（側面）より何度も繰り返して練習できるモードを搭載

・想像より動きが速い総合太極拳を目で追える2倍のスロー再生で演武を確認できる

AIRYUDO

メニューの操作方法

DVD メニューの使い方

●まず、DVD プレイヤーにディスクを挿入します。

DVD+Book	01 起 勢 (チー・シー)
	02 右攬雀尾 (ヨウ・ラン・チュエ・ウェイ)
超スロー	03 左単鞭 (ズォ・ダン・ビェン)
	04 提 手 (ティー・シォウ)
42式太極拳	05 白鶴亮翅 (バイ・フー・リアン・チー)
	06 摟膝拗歩 (ロウ・シー・アオ・ブー)
	07 撇身捶 (ピエ・シェン・チュイ)
	08 捋擠勢 (リュウ・ジー・シー)
	09 進歩搬攔捶 (ジン・ブー・バン・ラン・チュイ)
	10 如封似閉 (ルー・フォン・スー・ビー)
第1段	■01式から10式の演武を繋げて見る
	正面から見る
	背面から見る

● DVD の読み込みが終わると、テレビ画面には『第一段』のメニューが表示されます。

● 『01式 ～ 10式』を選んだ場合

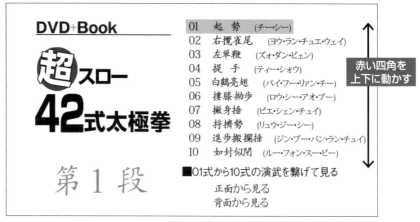

● 『第一段』のメニューの中から、お好みの『式』を選びます。

ご覧になりたい項目をＤＶＤプレイヤーのリモコンの十字キーを使い、
赤マークを上下に移動して選択し、決定します。

●ここでは、例として『01 起　勢』（チー・シー）を選択します。

● 『解説を見る』を選んだ場合

● 『第一式　起勢』のメニューで『解説を見る』を選ぶと、著者が太極拳を演武しながらナレーションで解説をします。

●正面から見た映像と背面から見た映像を駆使し、ゆっくりと動きながら解説して行くため、動きに置いていかれる事なく十分に理解できます。

●型をひと通り解説したら、最後に通した演武（標準とスローモーション）が表演されます。

● 『何度も繰り返して見る』を選んだ場合

● 『何度も繰り返して見る』は、一つの肩を何度も何度も繰り返して
自動再生してくれるモードとなってます。

正面モード

背面モード

●お好みの向きを選べるように、『正面』と『背面』を用意しました。
●メニュー画面に戻りたい場合は、リモコンのメニューボタンを押すと
上記の画面のメニューに戻ります。

● DVD のメニューの使い方の特徴

第二式　右攬雀尾

■解説を見る
　　　　再　生
■何度も繰り返して見る
　　　　正　面
　　　　背　面

1式にもどる　　　　第1段メニューへ　　　　2式にすすむ

●この DVD は、カンタンな操作でご利用することができます。

　DVD のリモコンの十字キーの『**右**』を押すと、**次の式**に進みます。
　同じように、十字キーの『**左**』を押すと、**前の式**に戻ります。

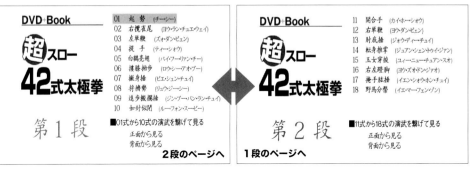

●上のメニューの使い方と同様に、『段』のメニューでも同じ使い方ができます。

　DVD のリモコンの十字キーの『**右**』を押すと、**2段のページ**に進みます。
　同じように、十字キーの『**左**』を押すと、**1段のページ**に戻ります。

● 『01式 ～ 10式』をひと通り覚えたら

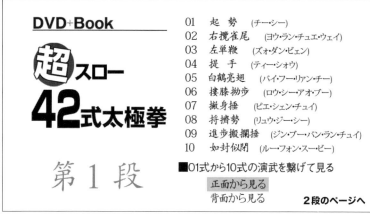

DVD+Book

超スロー
42式太極拳

第1段

01　起　勢　　（チー・シー）
02　右攬雀尾　　（ヨウ・ラン・チュエ・ウェイ）
03　左単鞭　　（ズオ・ダン・ビェン）
04　提　手　　（ティー・ショウ）
05　白鶴亮翅　　（バイ・フー・リアン・チー）
06　摟膝拗歩　　（ロウ・シー・アオ・ブー）
07　撇身捶　　（ピエ・シェン・チュイ）
08　捋擠勢　　（リュウ・ジー・シー）
09　進歩搬攔捶　　（ジン・ブー・バン・ラン・チュイ）
10　如封似閉　　（ルー・フォン・スー・ビー）

■01式から10式の演武を繋げて見る
正面から見る
背面から見る
　　　　　　　2段のページへ

● 『第一段』のメニューの式をひと通り覚えたら、次に『01 ～ 10式』を繋げて練習してみましょう。その時に役に立つのが、メニュー画面の下方にある『01式から10式の演武を繋げて見る』となります。

正面モード　　　　　　　　　　　背面モード

お好みの向きを選べるように、『正面』と『背面』を用意しました。
動画はスローモーションで再生されます。

●1式から42式まで通した演武を見る

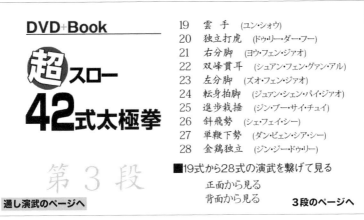

DVD+Book

超スロー
42式太極拳

第3段

通し演武のページへ

19	雲 手	(ユン・ショウ)
20	独立打虎	(ドゥ・リー・ダー・フー)
21	右分脚	(ヨウ・フェン・ジアオ)
22	双峰貫耳	(シュアン・フェン・グァン・アル)
23	左分脚	(ズオ・フェン・ジアオ)
24	転身拍脚	(ジュアン・シェン・パイ・ジアオ)
25	進歩栽捶	(ジン・ブー・サイ・チュイ)
26	斜飛勢	(シェ・フェイ・シー)
27	単鞭下勢	(ダン・ビェン・シア・シー)
28	金鶏独立	(ジン・ジー・ドゥ・リー)

■19式から28式の演武を繋げて見る

正面から見る
背面から見る　　　**3段のページへ**

●DVDの2枚目（第3段、第4段）には、総合太極拳を頭から最後まで演武を通した映像が収録されています。

●第3段のメニューで、リモコンの十字キーの『**左**』を押すと、下記の『**通し演武のメニュー**』に移動します。

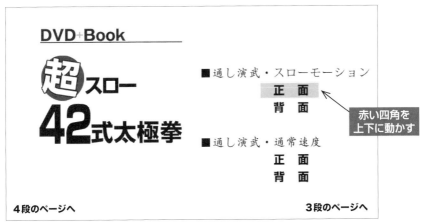

DVD+Book

超スロー
42式太極拳

■通し演武・スローモーション
　　　正　面
　　　背　面

赤い四角を
上下に動かす

■通し演武・通常速度
　　　正　面
　　　背　面

4段のページへ　　　　　　　　**3段のページへ**

●通常のスピードとスローモンーションを用意しましたので、ご希望のスピードでお楽しみ下さい。映像は、『正面』『背面』を選べます。

● DVD 使用上のご注意

ＤＶＤビデオは、映像と音声を高密度に記録したディスクです。
ＤＶＤプレーヤー、ＤＶＤ再生機能付きパソコンでご覧になれます。
なお、プレーヤーの機種によっては、正常に動作しない場合があります。
詳しくはご使用になるプレーヤーの説明書をお読みになるか、プレーヤーメーカーにお問い合わせ下さい。
ＤＶＤプレーヤーのシステムが旧タイプの場合、ＤＶＤが再生できないことがあります。
ＤＶＤプレーヤーとハードディスクが一体になっている機器は、システムを最新にすることにより、再生
することが可能になります。（実証済み）
システムの改善の仕方は、ＤＶＤプレーヤーの説明書をお読みください。

● DVD 取り扱いについて

ディスクはじかに指で触ったり、床などに置いて傷等を付けないように丁寧に取扱って下さい。
汚れた場合はクリーニング専用の布などで丁寧に軽く拭き取って下さい。
使用した後は不織布（付属の袋）に入れて保管して下さい。
ディスクに傷が付いた場合、再生不能になることがあります。

● 著作権と免責事項

ＤＶＤは一般家庭での使用を目的に販売されております。
第三者への配布及びレンタルは、法律で禁止されております。

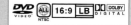

はしがき

　私は幸い運よく太極拳の企画『こだわりシリーズ』、『超スローシリーズ』を数点、出版してきました。

　しかし、ある日、私の生徒から「なぜ、総合太極拳は出版しないのですか？」と聞かれたのです。個人的な理由なのですが、我が師が同出版社より、総合太極拳を出版している事が大きな理由です。色々と悩んだ末に、私が手掛けてもいるスロー再生や練習方法が豊富な『超スローシリーズ』で展開すれば問題ないとも考え、出版社の担当者に相談した後、出版する決意をしました。

　今は、この総合太極拳も人気のある太極拳の一つとなり、かなりの人が楽しむことも増えました。よって、色んなアイディアを盛り込んで制作しようと試みたのですが、アイディアが増えれば増えるほど内容が複雑化となるために説明するにも難しいものがあります。しかも、DVDを操作するときもアイディアの数が多ければ多いほど、リモコンでの操作も複雑となるため、もっとシンプルなメニューにして欲しいとの声も多かったのも事実です。

　今までDVDは『解説編』と『練習編』と分けてましたが、今回の総合太極拳より、1枚目に第1段と第2段、2枚目に第3段と第4段の前編・後編に分けて各1枚のDVDの中に解説も練習モードも組み込んで、必要最低限の操作で映像をご覧に頂けるように工夫してみました。これにより、使いやすさも増して、ご希望の『式』より見たいモードを選んで練習することも出来、複雑な操作がほぼ無くなりました。使って頂ければ、すぐにご理解できると思います。単に太極拳を伝えるのではなく、初めて使う方でもスムーズに使えることも太極拳を伝えるために必要だと考えました。今後、より一層、使いやすさにもわかりやすさにもこだわりたいと思います。

　この『超スロー』な動きをじっくりとご覧になって、太極拳の独特で複雑な動きを、身につけるのに活用して頂ければ、幸いであります。

大畑 裕史

もくじ

01 起　　勢　（チー・シー）　　　　　　　　　　18

02 右攬雀尾　（ヨウ・ラン・チュエ・ウェイ）　　19

03 左単鞭　（ズォ・ダン・ビェン）　　　　　　　23

04 提　　手　（ティー・シォウ）　　　　　　　　24

05 白鶴亮翅　（バイ・フー・リァン・チー）　　　26

06 攄膝拗歩　（ロウ・シー・アオ・ブー）　　　　28

07 撇身捶　（ピエ・シェン・チュイ）　　　　　　32

08 捋擠勢　（リュウ・ジー・シー）　　　　　　　36

09 進歩搬攔捶　（ジン・ブー・バン・ラン・チュイ・）　38

10 如封似閉　（ルー・フォン・スー・ビー）　　　42

11 開合手　（カイ・ホー・シォウ）　　　　　　　43

12 右単鞭　（ヨウ・ダン・ビェン）　　　　　　　44

13 肘底捶　（ジォウ・ディー・チュイ）　　　　　45

14 転身推掌　（ジュアン・シェン・トゥイ・ジアン）　48

15 玉女穿梭　（ユィー・ニュー・チュアン・スオ）　52

16 右左蹬脚　（ヨウ・ズオ・ドン・ジアオ）　　　60

17 掩手肱捶　（イエン・シォウ・ホン・チュイ）　66

18 野馬分鬃　（イエ・マー・フェン・ゾン）　　　68

19 雲　　手　（ユン・シォウ）　　　　　　　　　74

20 独立打虎　（ドゥ・リー・ダー・フー）　　　　80

21 右分脚　（ヨウ・フェン・ジアオ）　　　　　　82

22 双峰貫耳 （シュアン・フェン・グァン・アル）　　81

23 左分脚 （ズオ・フェン・ジアオ）　　82

24 転身拍脚 （ジュアン・シェン・パイ・ジアオ）　　86

25 進歩栽捶 （ジン・ブー・サイ・チュイ）　　88

26 斜飛勢 （シェ・フェイ・シー）　　90

27 単鞭下勢 （ダン・ビェン・シア・シー）　　92

28 金鶏独立 （ジン・ジー・ドゥ・リー）　　94

29 退歩穿掌 （トゥイ・ブー・チュアン・ジァン）　　97

30 虚歩圧掌 （シェイ・ブー・イェー・ジァン）　　98

31 独立托掌 （ドゥ・リー・ツォ・ジアン）　　99

32 馬歩靠 （マー・ブー・カオ）　　100

33 転身大捋 （ジュアン・シェン・ダー・ルー）　　102

34 歇歩擒打 （シエ・ブー・チン・ダー）　　106

35 穿掌下勢 （チュアン・ジャン・シア・シー）　　108

36 上歩七星 （シャン・ブー・チー・シン）　　110

37 退歩跨虎 （トゥイ・ブー・クァ・フー）　　111

38 転身擺蓮 （ジュアン・シェン・バイ・リェン）　　114

39 弯弓射虎 （ワン・ゴン・シェ・フー）　　116

40 左攬雀尾 （ズオ・ラン・チュエ・ウェイ）　　118

41 十字手 （シー・ズー・ショウ）　　122

42 収　　勢 （ショウ・シー）　　124

総合太極拳 42 式
全動作解説

1．両足を揃えて立ちます。

2．左足をあげて、

3．左横へ開き、

4．両手を肩と同じ高さまで上げて、

5．両足に均一に重心を掛けます。

1. 右足のつま先を
右へ向け、両手を
左右に開きます。

2. 右手を胸
まで上げ、

3. 左手を右手の
下に合わせます。

4. 左足を左へ
踏み込み、

5. 左手を胸前
へ払い、右手を
下げます。

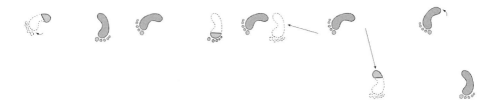

6. 右足を上げて
から、左足へ引き
寄せます。

7. 両手を上下に
合わせます。

8. 右足を右へ
踏み込み、

9. 右手を胸前
へ払い、左手を
下げます。

10. 両手を右へ払い、　　11. 腹部まで　　　12. 胸前で両手を　　13. 体の正面へ
　　　　　　　　　　　　　　　下ろします。　　　　合わせてから、　　　押し出します。

14. 右掌を上に返し、

15. 右肩へ寄せ、

16. 体を左へ向けて、右肘を伸ばします。

17. 右手を右へ払い、左足を寄せます。

1. 右手を鉤手に変えて、

2. 左足を左へ踏み込みます。

3. 弓歩となり、左掌を返します。

1. 左単鞭より、

2. 左足のつま先を上げてから、

3. 上体を右へ向けます。

4．重心を左足に かけて、両掌は外 側へ向けてから、	5．斜め下へ向け、	6．右足を左足 へ寄せて、	7．右へ踏み込み ます。両手は掌を 内側へ向けます。

25

1. 虚歩のまま、

2. 両手を下ろします。

3. 上体を左へ向けて、

4. 右足を浮かせます。

5. 右足はつま先から下ろし、両手を合わせます。

6. 重心を右足にかけ、右手を左手にあてます。

7. 右手を上げてから左手をおろし、

8. 左手は腹部前を通して左へ払います。

1. 虚歩のまま、　2. 右手は顔前を　3. 右腰へ引き　4. 左手で上体　5. 右手は肩まで
　　　　　　　　　　払ってから、　　　寄せます。　　　の前を払い、　　上げます。

6. 左足を右足へ
寄せてから、

7. 左へ踏み込んで、
右手を顔に寄せます。

8. 左手は腹部の
前を払い、

9. 右手を肩の前へ
伸ばします。

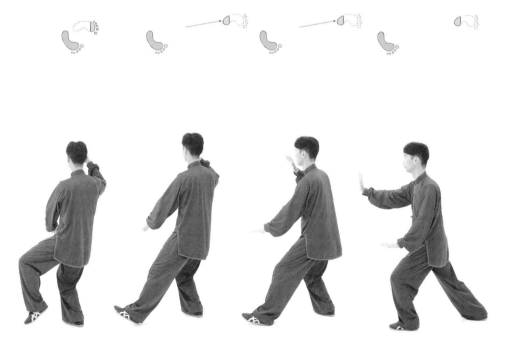

10. 軽く重心を後ろにかけてから、左足のつま先を開きます。

11. 重心を左足に移し、

12. 右手は顔前を払います。

13. 右足を左足に寄せ、

14. 左手を肩まで上げます。

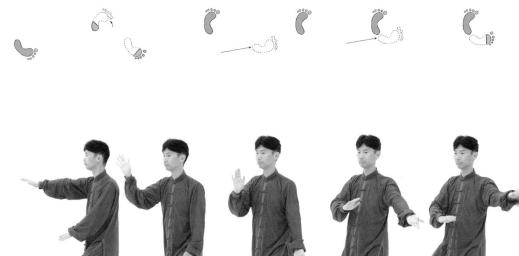

15. 右足を右へ
踏み込み、

16. 左ヒジを
曲げます。

17. 右手は腹部前
を通し、

18. 左手を伸ばします。

1. 重心を後ろに
かけ、

2. 右足はつま先
を右へ開きます。

3. 右手を下げてから、

4. 両手を左右へ開き、

5. 両手を左右
へ開き、

6. 左手を
握ります。

7. 左足を左へ
踏んで、

8. 右手は左腕
にあてます。

9. 弓歩となり、
左拳で打ちます。

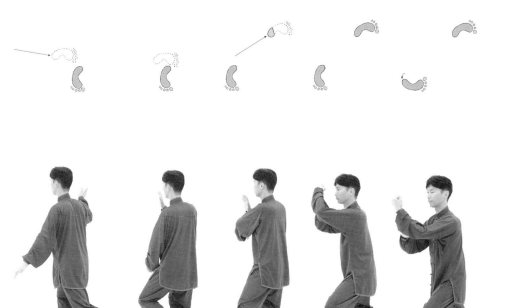

1. 捋挤勢より、

2. 左手を掌に変えて、軽く右へ小指側（手刀）で打ちます。

3. 右手を左腕の上へ差し込み、

4. 重心を左足にかけながら、

5. 右手を右へ回します。

6. 両手を下げ
ながら、

7. 右足を引き
寄せます。

8. 上体を右へ
向けて、

9. 右足を右へ
踏み込み、両手
を合わせます。

10. 弓歩となり、
両ヒジを伸ばし
ます。

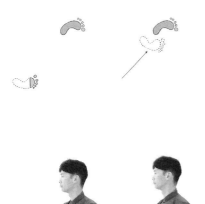
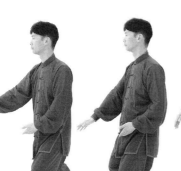

1. 重心を後ろにかけ、

2. 右手は左へ軽く小指側（手刀）で打ちます。

3. 左手は右腕の上へ滑らせ、

4. 差し込んでから、

5. 上体の前を通してから、

6. 左へ回
します。

7. 両手を腹部ま
で下ろし、左足を
引き寄せます。

8. 左足を左へ
踏む込み、

9. 両手を胸前
で合わせます。

10. 弓歩となり、
両ヒジを伸ばし
ます。

1. 弓歩より、

2. 重心を右足にかけ、左足はつま先を浮かせます。

3. つま先を左へ倒し、両手を上下へ開きます。

4. 両手を左右に回してから、

5. 右足を左足へ寄せます。

6. 右手は握って、左掌の下へ移します。

7. 右手は左腕の中を通してから、

8. 上体の前へ打ち込み、

9. 右足はカカトより踏み込み、虚歩となります。

10. 右足はつま
先を右へ開き、

11. 右拳を内側
へ回します。

12. 両手を左右に
開いてから、

13. 左手を前方へ
進め、

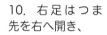

14. 上体の前で払い、左足を右足へ寄せます。

15. 左足を左へ踏み込み、左手は指先を立てます。（立掌）

16. 重心を左足へ移し、右拳で打ちます。

17. 左手の指先は、右腕の内側につけます。

1. 進歩搬攔捶より、左手は右腕の下に差し込み、右拳の下を通してから、左へ開きます。

2. 重心を右足にかけ、両ヒジを落とします。

3. 両手は腹部前で押さえてから。

4. 前方へ突き飛ばします。この時、右足を軽く引き寄せます。

1. 右足はつま先を軸にしてカカトを内へ回し、

2. 右足に重心をかけたら、

3. 上体を右へ向けます。この時、両手を向かい合わせます。

4. 両手を肩幅程度に開き、

5. 再び狭めます。

1. 開合手より、
2. 上体を軽く右へ向け、
3. 右足を右へ踏み込みます。
4. 重心を右足へ移し、
5. 両手を左右に開きます。

1. 重心を左足に移
しながら、右手を
上体の前へ進め、

2. 小指側（手刀）
で打ちます。

3. 右掌を下へ返し、

4. 重心を右足へ移し、

5. 左足を寄せます。両掌は向かい合わせます。（抱掌）

6. 左足を左へ踏み込み、両手を近づけます。

7. 左手を胸前へ払ってから、

8. 掌を下へ返し、

9. 両手を左右に開きます。

10. 右足を右へ踏み、右手の小指側（手刀）で打ちます。

11. 右手を握って、

12. 左手は指先を立て（立掌）

13. 上体の前へ打ち下ろします。（劈掌）

14. 左足はカカトより踏み込み、虚歩となります。

1. 虚歩劈掌より、　　2. 左足は浮かせて、　　3. 左後方へ　　　4. 右手を開いて、
　　　　　　　　　　　　　　　　　　　　　　下ろします。

5. 肩まで上げ
る時、右足は
つま先を内側
へ入れます。

6. 左足を左へ
踏み込みます。

7. つま先を正
面に向けてから、
重心をかけ、

8. 左手は腹部前
を払い、右手は前
へ伸ばします。

9. 右足は左足へ
引き寄せます。

49

10. 右足のカカトを踏んでから、

11. 左足のつま先を内側へ入れます。

12. 右足はカカトを浮かし、

13. つま先を軸にカカトを内側へ回して、上体を右へ向けます。

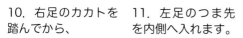

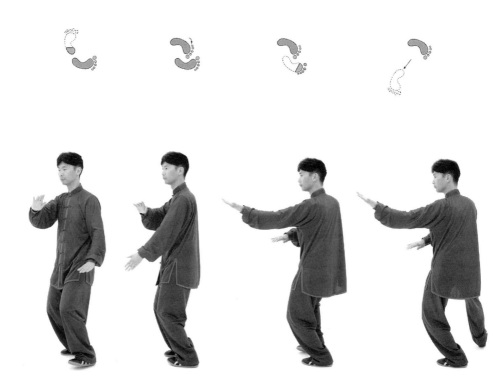

14. 右足を右へ踏み込みます。この時、つま先を右へ倒します。

15. つま先を正面へ向けてから、

16. 重心を右足に移し、

17. 左手を伸ばして、左足を軽く引き寄せます。

1. 転身推掌より、

2. 左足を前方へ
踏み出し、

3. 左掌を上へ
返します。

4. 右手は左腕
の上へ差し込
んでから、

5. 右へ払い、

6. 右足はつま先
を軸にカカトを
内側へ回します。

7. 両手を下
げながら、

8. 右足を寄せ、

9. 右足を踏み
込んだ時には、
胸前で両手を
合わせます。

10. 重心を右足
に移し、

11. 右手を
右へ払い、

12. 上体を右へ
向けます。

13. 重心を左
足にのせ、

14. 左手を左
胸のそばに引
き寄せます。

15. 右足を右
へ踏み込み、

16. 右掌を
上へ向け、

17. 弓歩と同時に
右手で打ちます。

18. 重心を
左足にのせ、

19. 左手は掌
を下へ返し、

20. 右掌は上へ向
けたら、体の前へ手
刀で打ち込みます。

21. 左手は胸前を通してから、

22. 右腕の上をすべらせ、

23. 深く右へ差し込みます。

24. 重心を右足へ移しながら、

25. 左へ回します。

26. 両手を
下げながら、

27. 左足を
引き寄せ、

28. 両手を上げ
たら、胸前で合
わせます。

29. 左足を踏
み込んでから。

30. 重心を移し、

57

31. 左手を左へ
払います。

32. 右足を
寄せてから、

33. 重心を
右足にかけ、

34. 左掌を頭上へ
押し上げます。

35. 左足のカカト
を浮かせ、

36. 左足を左へ
踏み込み、

37. 弓歩になる
のと同時に、

38. 左手でよけて
（架掌）、右手で打
ちます。（推掌）

1. 歩架推より、

2. 右掌を下へ
向けて、

3. 重心を右
足にかけ、

4. 左手の小指
側（手刀）で打
ち込みます。

5. 右手は胸
前を通し、

6. 左腕の上を
すべらせ、

7. 左へ深く差
し込みます。

8. 両手を上下
へ開きながら、

9. 重心を左足
に移し、

10. 両手を左右
に回しながら、

11. 右足のカカト を浮かせ、

12. 左足に引き 寄せます。

13. 両手を上下に 開き、

14. 右足を上げて 独立歩となり、

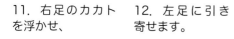

15. 両手を
合わせます。

16. 両掌は下に向け
てから、前方へ返し、

17. 左右へ開きます。

18. 同時に右ヒザを伸ばし
カカトで蹴ります。

19. 右ヒザを
曲げてから、

20. 右足は右へ
踏み込み、

21. 右手は掌を
上へ返します。

22. 左手は右腕
の上へ差し込ん
でから、

23. 左へ
払います。

24. 右手を下げ、

25. 右腰横を通してから、

26. 頭上へ上げ、左足を寄せます。

27. 両手を胸前で合わせ、独立歩となり、

28. 両手を左右へ開いた時に、左足はカカトで蹴り上げます。

1. 左右蹬脚より、

2. 左ヒザを曲げて、両手は顔前で揃えます。

3. 左手を内側にして両手を合わせ、

4. 腹部前に下げながら、上体を沈めます。

5. 左足を左へ踏み込み、

6. 重心を左足
に移し、

7. 両手を左右
に開いてから、

8. 左手を上体
の前へ伸ばし、

9. 右手をアゴ
下へ運び、拳に
変えます。

10. 弓歩となり、
右拳を打ち出し
ます。左手は左腹
部へあてます。

1. 拳を打ち出したところから、

2. 右手を開いてから下げて、

3. 両手首を合わせて、

4. 両手を右へ押し出し、

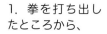

5. 左手を右手の
上から引き抜き、

6. 両掌を下へ
向け、腹部前で
押さえます。

7. 両手を右へ
回して、

8. 上体の前を
通してから、

9. 左下へ下ろ
します。

10. 両手を上体に
引き寄せ、

11. 独立歩となりま
す。この時、右手は
右へ伸ばします。

12. 左足をカカト
から踏み込み、

13. 弓歩となり、
左腕を伸ばします。

14. 重心を
右足にのせ、

15. 両手を上体の
右側へ回します。

16. 左足のつま先
を開き、

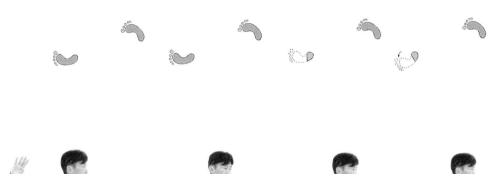

17. 重心を左足
に移し、

18. 両手を上体の
前へ運びます。

19. 左手を
左へ払い、

20. 右手、右足
を上げます。

21. 左ヒザを曲げて、 上体を沈め、	22. 右足を右へ 踏み込みます。	23. 弓歩となり、右腕 を前方へ伸ばします。

1. 野馬分鬃より、　2. 重心を左足にかけ、　3. 右足はカカトを軸にして、つま先を内側に入れます。　4. 重心を右足にかけ、左足はつま先を軸にして、カカトを内側に入れます。

5. 両手を上体の
右側へ移し、右雲
手となります。

6. 両手を上下に
入れ替え、

7. 重心を左足
にかけ、

8. 両手を上体の
左へ運び、左雲手
となります。
（1回目）

9. 両手を上下に入れ替えた時に、

10. 右足はカカトを踏みます。

11. 上体を右へ向け、

12. 右雲手となり、左足を開きます。

13. 両手を上下に入れ替えて、

14. 馬歩となり、

15. 重心を左足にかけたら、

16. 上体を左へ向け、左雲手となります。（2回目）

17. 両手上下に
入れ替えてから、

18. 上体の前を通し、

19. 上体を右へ
向けた時に、

20. 右へ払いって、
右雲手となります。

21. 両手を上下に
入れ替え、

22. 馬歩となり、

23. 上体を左へ
向けてから、

24. 左雲手となります。
右足はカカトを外へ向
けて、左足に寄せます。
（3回目）

1. 左雲手より、

2. 左掌を上へ向け、右手を左腕に差し込みます。

3. 右手を右へ伸ばしながら、

4. 左足を後方へ引きます。

5. 両手は下げて
から、

6. 左右へ開きます。

7. 右足はつま先を上
に向けたまま上げて、

8. ヒザを曲げます。
両手は握り、拳を
縦に揃えます。

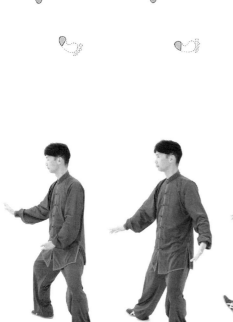  

81

1. 独立打虎より、

2. 両手を合わせて、つま先を下へ向けます。

3. 両手を左右へ開き、

4. ヒザを伸ばして蹴り上げ、つま先を伸ばします。

1. ヒザを曲げてつま先を下へ向け、

2. 両手を顔前で揃えます。

3. 右足を下ろしながら、両手を下げて、

4. 両手は左右へ回してから、

5. 拳で打ち込みます。歩型は、弓歩となります。

1. 双峰貫耳より、

2. 拳を掌に変え、

3. つま先を右へ倒します。

4. 重心を右足にのせ、左足を引き寄せ、

5. 両手は腹部前で合わせます。

6. 合わせたまま両手を上げ、独立歩となり、

7. つま先蹴り（分脚）と同時に両手を開きます。

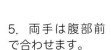

1. 左足は分脚より、

2. ヒザを曲げて、つま先を垂らし、

3. 軸足（右足）の前を通して、つま先を地につけます。

4. 両足のつま
先を使って、

5. 上体を右へ向けて、
重心を左足にかけます。

6. 両手を合わせて、
独立歩となり、

7. 両腕を開いて、
右手で足の甲を叩き
ます。

1. 拍脚より、

2. 右足を下ろし
ながら、

3. つま先は
右へ開き、

4. 右手を手前に寄せ
ながら、左手で上体
の前を払います。

5. 左足を寄せた
時に、左手は胸前
を通し、

6. 右手を顔へ寄せ
ながら、左足を踏み
込みます。

7. 上体を前へ倒し、

8. 左手で上体の前を
払い、右拳で相手の急
所を打ちます。

1. 進歩栽捶より、

2. 重心を右足に かけ、右手を開き、

3. 左足はつま先を 出来るだけ左へ向 けます。

4. 両手を左右に 開いてから、

5. 上下に回して、

6. 掌同士を向かい合わせ、左足を寄せます。

7. 腰を落として左足を左へと踏み込み、

8. 重心を変えながら、両手を左右へ開きます。

1. 側弓歩の歩型より、

2. 右手を上げながら、

3. 右足はつま先を軸に、カカトを外側へ開きます。

4. 左足はカカトを
軸にして、つま先を
左へ開き、

5. 左手を鉤手に変えて、
上体を下げます。

6. 右手をすね前
まで下ろします。

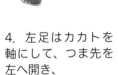

1. 単鞭下勢より、右足つま先を上げ、

2. 腰を上げながら、右足のつま先を開き、

3. 左足のつま先を内側に入れて、右腕を立てます。

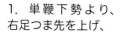 

4. 右足はつま先を
開いて、重心を移し、

5. 左足を右足に
引き寄せます。

6. 両手を上下に
入れ替えて、

7. 独立歩となり
構えます。

| 8．左足を下げて から、 | 9．重心を左足 にかけて、 | 10．右手、右足 を上げ、 | 11．独立歩とな り構えます。 |

1. 軸足のヒザ
を曲げて、腰を
落とし、

2. 右足を後方
へ引きます。

3. 左手は右腕
の上を通して、

4. 上体の正面へ
指先で刺します。

1. 退歩穿掌より、

2. 左手を上げながら、上体を右へ向けます。

3. 重心を左足にかけ、左手で顔前を払います。

4. 右足を浮かせ、右手は腹部前を払い、

5. 虚歩となり、上体を倒し、左手で押さえます。

1. 虚歩圧掌より、　2. 上体を起こし、　3. 左手を真横へ伸ばし、　4. 独立歩となり、右手を肩まで上げます。

1. 右ヒジと右ヒザ
を上下対にして構え
たところから、

2. 右足を下ろし、
つま先を開きます。

3. 重心を右足に
かけながら、右手
を手前に寄せ、

4. 左手は上体
の前を払います。

5. 左足を寄せて、右腕を右へ伸ばし、

6. 左足を左へ踏み込みます。

7. 左手は拳に変え、

8. 右手はを左腕にそえ、左拳をヒザ横へ打ち込みます。

33 　転身大将 （ジュアン・シェン・ダー・ルー）

1. 馬歩靠より、　　2. 左手を開いて、　　3. 両掌を外側に向け、　　4. 両手を右へ
　　　　　　　　　　　　　　　　　　　　指先の向きを揃えます。　　回してから、

5. 腹部前で押さえます。	6. 左足はつま先を左へ開き、	7. 上体を左へ向けてから、	8. 右足を寄せて、両手を上体の前へ移します。

9. 左掌は外側に、右掌は上へ向けます。

10. 上体を左へ向け、

11. 両手は掌を内側に返します。

12. 重心を右足にのせてから、

13. 左足を後方へ引いて、 つま先をつけます。

14. つま先を軸にカカト を内側に回し、重心をかけ、

15. 右腕前腕を上体の前に 押し出します。

歇歩擒打 （シエ・ブー・チン・ダー）

1. 側弓歩より、

2. 重心を右足にかけ、

3. 左手拳面は左腰に
押し当て、右拳拳背は
額に向けます。

4. 左手を掌に
変えて、両手を
前後に開きます。

5. 左掌を上に
向け、上へ押し
上げてから、

6. 右足は軸足の
前を通して踏み
込みます。

7. 左手は掌を
下に返し、拳を
握ります。

8. 右拳の拳心を
上にして左拳の上
を通し、下に打ち
込みます。

9. 上体を落
として歇歩と
なります。

1．歇歩の歩型　2．両手を開き、　3．立ち上がります。　4．両手は掌を　5．上体の
より、　　　　　　　　　　　　　　　　　　　　　　　外側に向け、指　前を通し、
　　　　　　　　　　　　　　　　　　　　　　　　　先の向きを揃え、

6. 右へ払います。この時、左足は真横へ伸ばします。

7. 上体を下げて、

8. 両手を左足の内側に下ろします。

1. 仆歩の歩型より、上体を起こし、左足のつま先を開き、

2. 右足はつま先を内側に入れます。

3. 右手を前方へ進め、

4. 両腕を交差します。この時、虚歩で構えます。

1.　虚歩の構えより、右足を後方へ引いて、

2.　左手は顔前を払います。

3.　上体を右へ向けながら、

4.　右腕を横へ伸ばし、

5.　左手は腹部前へ下ろします。	6.　重心を更に右足にかけたら、	7.　両手を上下に開き、左足を浮かせます。	8.　右手は顔前を払い、左足は右へ運びます。

9. 左手は掌を上に向け下ろし、左足はつま先をつけます。

10. 右手は左足の外側を払い、

11. 左足を上げます。

12. 両腕を水平になるまで上げ、左足はつま先を真上に向けます。

1. 退歩跨歩より、	2. 左足を下ろし、カカトをつけます。	3. 左掌を上を返し、右手は左腕の下に差し込みます。	4. 両手は上体の前を通し、指先を立てて、

5. 右足のカカトを 内側に回します。	6. 右足を浮かせて、	7. 左から右へ 回して蹴り、	8. 両手は足の 甲を叩きます。

弯弓射虎 （ワン・ゴン・シェ・フー）

1. 右足はヒザを曲げて、つま先を垂らし、

2. 上体を下げながら右へ下ろし、

3. カカトより踏み込みます。

4. 両手は腹部前を通し、

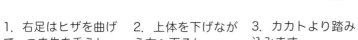

5. 上体を右へ向けてから、

6. 胸前へ上げ、拳を握ります。

7. 上体を軽く左へ向け、

8. 右拳で頭を守り、左拳で打ち込みます。

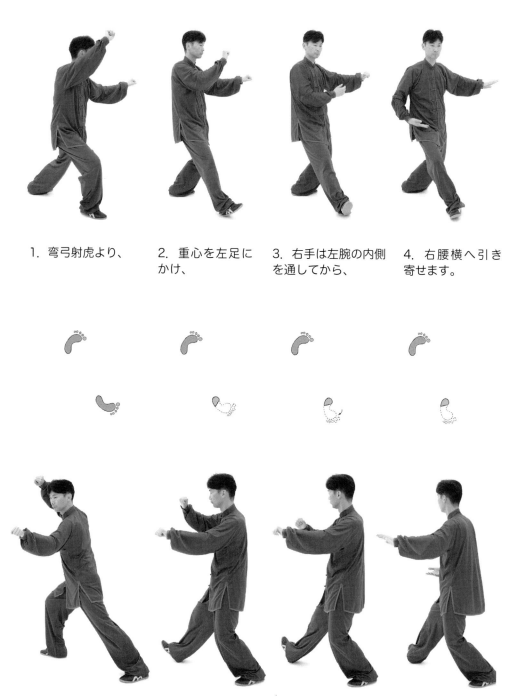

1. 弯弓射虎より、

2. 重心を左足に
かけ、

3. 右手は左腕の内側
を通してから、

4. 右腰横へ引き
寄せます。

5. 右足はつま先を右へ開き、重心をかけ、

6. 両手を上体の前で縦に揃えます。

7. 左足を左へ踏み込み、

8. 弓歩となり、左腕は前方へ押し出します。

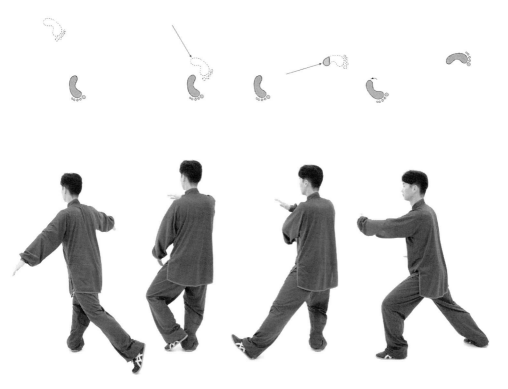

9. 両手は上体の
左へ払ってから、

10. 重心を後ろに
かけ、腹部まで下
ろします。

11. 両手を上げて、
指先の向きを揃え
ます。

12. 上体を左へ
向け、両手を合
わせて、

13. ヒジを伸ばし、弓歩となります。

14. 両手を肩幅ほどに開き、

15. 重心を右足にかけ、両手は腹部前で押さえます。

16. 弓歩となり、両手で突き飛ばします。

1. 弓歩の歩型より、

2. 重心を右足にかけながら、上体を右へ向け、左足のつま先を内側へ入れます。

3. 右足のつま先を右へ向けて、右手を右へ開きます。

4. 両手を左右へ開きます。

5. 両手を下げる
時に、右足はつま
先を内側に入れ、

6. 上体を左に
向けてから、

7. 右足を寄せて、
両腕を交差します。

1. 十字手より、　2. 両手は合わせた まま前へ押し出し、　3. 左手を上にして、 両掌を下に返し、　4. 肩幅ほどに 開きます。

5. 両手を下げな
がら、立ち上がり、

6. 両手を上体の
横につけます。

7. 左足を浮かせ、

8. 右足に寄せ、
両足を揃え収勢
となります。

著者略歴

大畑 裕史 （おおはた・ひろふみ）

1974 年、埼玉県生まれ。1993 年 3 月〜 99 年 7 月に渡り、北京体育大学に留学。1997 年、武術太極拳技術等級、国家1 級取得。
1998 年、同大学武術学部、卒業。
現在、埼玉県内（坂戸市、上尾市、川越市、東松山市、ふじみ野市）において指導を行っている。
2006 年春、太極拳スタジオ氣凛を設立。（東上線「北坂戸駅」）
個人レッスン、少人数制クラスを中心に指導をしている。

■スタジオ氣凛（きりん） http://taikyoku.daa.jp
　　住所：埼玉県坂戸市薬師町２２−３　２階
　　電話：049-281-3471　E-mail：info@kirin.ohhata.com

超スロー 総合太極拳 42 式 DVD 2枚

2022 年 8 月 25 日 初版発行

著　者　　大畑裕史
発行者　　今堀信明
発行所　　株式会社　愛隆堂（Airyudo）

〒 102-0074
東京都千代田区九段南 2-5-5
電　話　　03（3221）2325
Ｆ Ａ Ｘ　　03（3221）2332
振　替　　00110-4-553

印　刷　　モリモト印刷株式会社
製　本　　有限会社　島川製本所

ISBN978-4-7502-0349-2　　　Printed in Japan